BIBLIOTHÈQUE

MORALE

Les Armées d'Orient

I

CAMBRAI. IMPRIMERIE DE SIMON

BIBLIOTHÈQUE MORALE.

BIBLIOTHÈQUE

MORALE

EXTRAITE DES *ANNALES DU BIEN*

PUBLIÉES PAR

J. DELVINCOURT

—

LES ARMÉES D'ORIENT.

—

I.

CAMBRAI

SIMON, Imprimeur-Éditeur

1855
1856

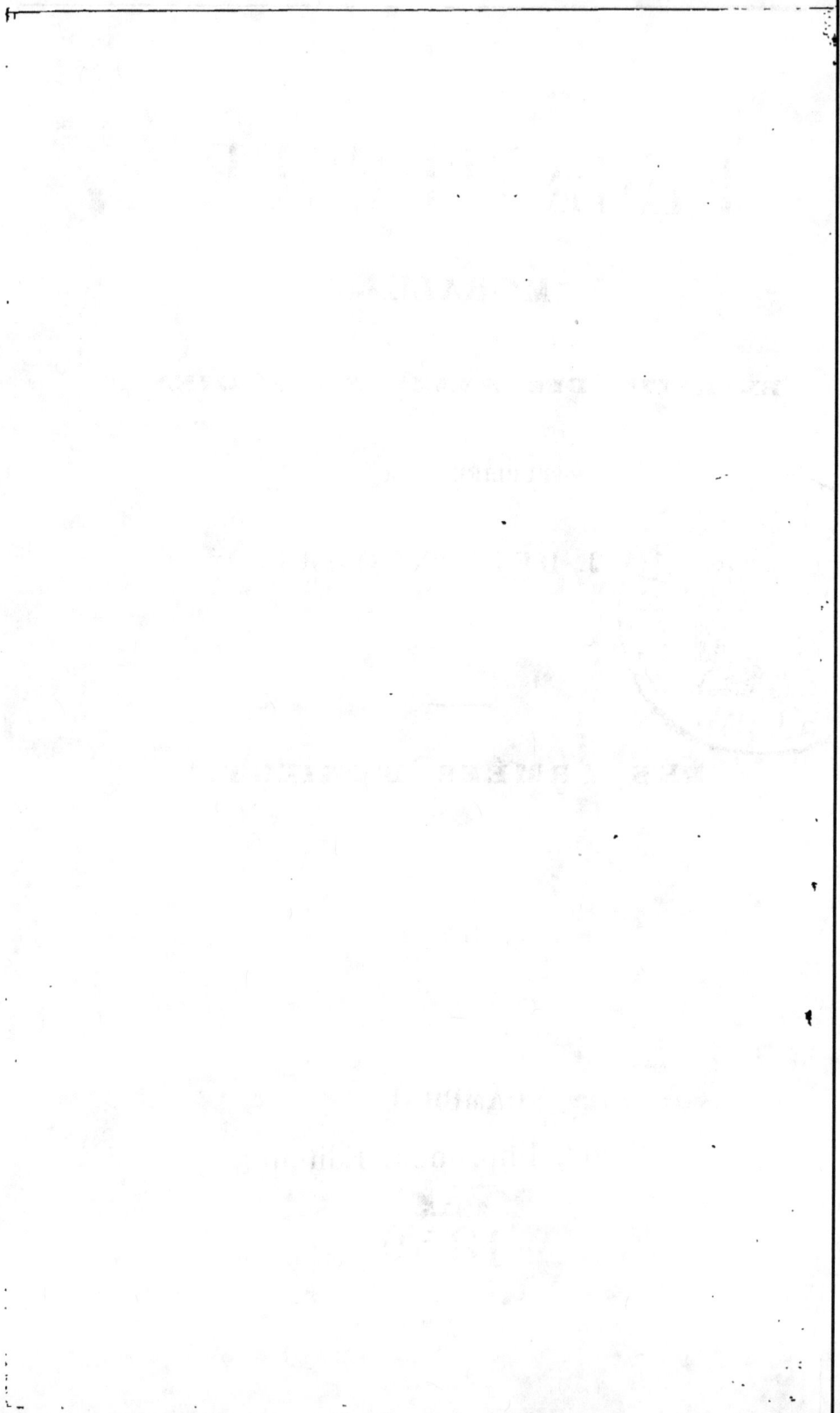

LES ARMÉES D'ORIENT.

DÉPART. — ÉTAPES.

Un pauvre aveugle était assis sur le pont du bateau et grignotait un morceau de pain sec. Personne ne prenait garde à lui, lorsqu'un chasseur d'Afrique s'approche et lui dit : « Mon vieux, vous m'avez l'air de faire maigre chère. Tenez, partageons mon demi-litre et l'accessoire ; ça vous fera du bien et pas de mal à moi ! »

Et voilà le brave soldat s'asseyant à côté

du pauvre aveugle et égayant le déjeuner par des épisodes de la guerre d'Afrique. Bientôt les passagers eurent fait cercle autour des convives. La dernière goutte de vin est courtoisement laissée à l'aveugle. « C'est pas tout, mon vieux, reprit le militaire, il faut bien que demain encore vous puissiez arroser votre pain sec. »

En même temps et sans façon il enlève à la tête de l'aveugle son feutre crasseux et le voilà faisant le tour du bateau, éveillant ceux qui dormaient et présentant à tous son aumônière. « Quand il vint à moi, dit l'ecclésiastique témoin de cette touchante anecdote, je lui serrai la main en ajoutant : C'est bien, mon brave ! — Ah ! me répondit-il, ça, monsieur le curé, c'est *pour mes petits péchés.* Le père Parabère *a eu les gros.* »

Et au même instant il m'échappait portant avec empressement sa grosse collecte à l'aveugle qui pleurait d'émotion.

LA REINE ET LE SOLDAT FRANÇAIS.

L'aplomb, la gaieté, ce n'est pas ce qui manque à nos braves; en voici un petit échantillon. Un soldat de la garnison d'Athènes, traversant le parc royal, est renversé par sa mule, qui, le cavalier par terre, s'enfuit.. nous allions dire, à tire d'aile. Au moment où le militaire, vexé suivant la chronique, se relevait et ramassait son képi, une dame à la noble figure, à la mise élégante, s'approche et s'informe, avec l'air d'un vif intérêt, si le cavalier, qui pouvait bien être un fantassin, ne se trouvait point blessé.

—Plus de peur que de mal ; par bonheur qu'il ne s'est point trouvé là de pavé, car la maudite bête m'a jeté les quatre fers en l'air assez rudement, mais j'en serai quitte pour quelques coups de brosse. Merci toujours, madame...

— Tant mieux qu'il ne vous soit rien arrivé, et que l'uniforme seul ait souffert. Je m'en applaudis et je vous en félicite.

— Ma petite dame, reprit alors notre militaire ravi d'entendre la langue du pays et croyant rencontrer une compatriote, c'est très aimable à vous de vous intéresser à la culbute d'un pauvre troupier; mais vous seriez plus gentille encore si vous m'aidiez à rattraper le quadrupède. Ce grand gaillard derrière vous et qui baye aux hirondelles (il parlait du piqueur en livrée qui suivait la dame) me paraît avoir des jambes de cerf ou de lévrier, et il pourrait me donner, avec votre agrément, un bon coup de main, c'est-à-dire un coup de pied pour remettre au pas mon Bucéphale.

La dame sourit et fit un signe au personnage en question, qui, d'un air plus ou moins gracieux, prit sa course avec le soldat, et bientôt ils eurent arrêté la fringante bête. Le militaire alors la tirant par la bride, revint vers la dame pour la remercier, et il se préparait à lui faire son compliment lorsqu'il entendit une personne, survenue dans l'intervalle, se servir, en lui parlant avec l'accent du plus profond respect, de cette expression solennelle : *Votre Majesté !* Cette compatriote supposée que, dans sa satisfaction, il avait traitée un peu bien à la française, c'était.... *la Reine*. Tout ébahi et même un peu confus, notre troupier, en tournant son képi, essaya de balbutier quelques excuses auxquelles la dame coupa court avec une charmante gracieuseté.

DÉPART DE NIMES.

Mais avant de suivre nos soldats sur la grand'route il n'eût pas été mal peut-être d'assister à quelque départ. On écrit de Nîmes :

« Dimanche, 11 novembre 1854, fête du patronage de la Sainte-Vierge, la chapelle de l'Hôtel-Dieu était remplie de militaires qui doivent rejoindre en Orient leurs régiments. Quatorze y venaient, pour la première fois, recevoir la communion, et plus de trois cents de leurs camarades s'approchaient avec eux de la sainte table. Ils iront bientôt montrer sur les champs de bataille ce que c'est que le soldat qui se confesse et qui emporte avec lui, en quittant la patrie, son Dieu, devenu l'hôte de son cœur et le compagnon de ses glorieuses fatigues.

» Deux traits m'ont singulièrement touché. La veille, un de ceux qui se préparaient à la première communion parlait de sa joie. « Je vais me battre pour mon pays, disait-il, je suis heureux, mais cette communion de demain, je le sens, c'est le plus beau jour de ma vie. » Puis, avec une larme dans les yeux, il ajoutait : « Je n'ai qu'un regret.—Et lequel ? — Il y manquera ma mère ! » Après la messe, tous se retiraient avec recueillement, emportant les médailles et les chapelets qu'on leur avait distribués sur leur demande. Plusieurs cependant, qui n'avaient pu se confesser encore, refusaient par un scrupule de délicatesse. « A dimanche, disaient-ils, quand nous serons en règle ! »

« Citons encore ce mot d'un soldat : « C'est bien, mon brave, lui disait-on, c'est beau ce que vous faites là. Mais comment vous arrangez-vous à la caserne avec les mauvais plaisants et les esprits forts ? — Bah, ce n'est plus ça, répondait-il, à l'heure qu'il est. Voyez-vous, on ne se moque plus de nous ; c'est nous qui nous moquons de ceux qui ne se confessent pas. »

Je vais commettre une indiscrétion peut-être, mais tant pis... car on me tente. Voici un trait charmant dans sa simplicité, raconté devant moi hier par un homme éminent, et que j'intercale ici, crainte d'oubli. Ce maréchal dont le nom propre n'a pas besoin d'épithète, ministre de la guerre aujourd'hui, envoie dernièrement la décoration de la Légion-d'Honneur à un soldat qui l'avait d'ailleurs bien méritée. Le militaire, dans l'ivresse de sa joie, s'empresse d'adresser une lettre de remerciments chaleureux au maréchal qui lui répond : « Mon ami, ce n'est point à moi que vous devez ce bonheur, ce n'est pas même à l'Empereur, mais au bon Dieu ; c'est lui qu'il en faut remercier. »

— Cette joyeuse humeur dont nous parlions plus haut est l'un des traits originaux qui caractérisent le soldat français ; elle ne

l'abandonne pas dans les plus rudes épreu-
ves : « Non, il n'y a pas de nation comme
la nôtre pour l'entrain, la gaieté et le courage, écrit de la Crimée un officier. Je voyais
hier des soldats qui passaient dans *un anapa*
(char-à-bancs du pays) trouvé je ne sais où ;
ils criaient à pleine tête : « Saint-Cloud !
Saint-Cloud ! Versailles ! Un lapin ! etc. »

« ...... Nous arrivâmes à deux heures au
bivouac ; nous nous installions tranquille-
ment quand nous entendons le canon et la
fusillade derrière nous : c'étaient les Russes
qui avaient voulu voir les Français d'un peu
près ; nous prenons les armes, et, à peine
en ligne, l'affaire était faite : quelques balles
et quelques boulets avaient corrigé les cu-
rieux. Depuis ce temps, nous ne pouvons met-
tre la main dessus. Les soldats, toujours far-
ceurs, disent : « Les Russes n'aiment pas
décidément notre manière de tremper la
soupe, notre bouillon ne leur va pas. »

2

L'ANGLAIS ET LE SOLDAT FRANÇAIS.

Voici ce qui nous est raconté par un témoin oculaire :

Dernièrement, à Amiens, sur la place de l'Hôtel-de-Ville, on remarquait, sortant de la mairie où sans doute il venait de prendre son billet de logement, un soldat (cavalier ou fantassin, il n'importe) dont la pâleur et l'air de souffrance éveillaient la compassion, d'autant plus, disait-on, que c'était un soldat de l'armée d'Orient en congé de convalescence. Tout-à-coup un monsieur, qu'à sa mise et à son air on pouvait estimer un gentleman, fend le cercle des causeurs, aborde amicalement le militaire, et avec un accent anglais prononcé lui dit :

— Vous venez d'Orient, vous êtes un brave ?

— Hélas ! non, mais un invalide et avant

la bataille encore, grâce à la fièvre et aux coliques. J'arrive en effet de là-bas en droiture, quoique pas en poste ; mais j'espère bien retourner dès que j'aurai pu me refaire un peu l'estomac et.... les fuseaux (les jambes).

— Bien, bien, alors venez avec moi, reprit l'insulaire avec le plus aimable sourire dont puisse s'égayer la gravité britannique.

— Où ça ? demanda l'autre auquel l'étranger offrait le bras pour aider son pas chancelant.

— A mon hôtel, pour déjeuner et dîner avec moi, si vous voulez bien me faire cet honneur !

— Pas bête ! ruminait le soldat en *à parte*, mais cependant paraissant hésiter.

— Bravo ! bravo ! cria-t-on de tous côtés en battant des mains ! bravo pour l'Anglais !

— Au fait, j'accepte, dit gaiement le militaire, au diable les cérémonies ! A charge de revanche toutefois, milord, si

jamais je deviens maréchal ou seulement
sous-lieutenant ! En route donc. — Et tous
deux s'éloignèrent bras dessus bras dessous,
au milieu de nouveaux applaudissements.
L'Anglais conduisit son convive à l'hôtel
où il le fit déjeuner et dîner, redîner et
redéjeuner, comme le troupier ne l'avait pas
fait probablement depuis des mois, de sa
vie peut-être. En avant les beefsteacks, le
rosbif, le plum-pouding ! etc., etc. L'Anglais donnait l'exemple et encourageait de
sa personne le convalescent, au risque pour
celui-ci d'une rechute à laquelle ne songeait
point l'amphitryon dans l'entraînement de
son bon cœur.

Le lendemain, ou le surlendemain, il
conduisit le soldat au chemin de fer où
il paya sa place jusqu'à destination. Quelle
poignée de main ils échangèrent en se disant
adieu l'un et l'autre, peut-être avec une
larme au coin de l'œil !

Ce petit trait nous a plu parce qu'il prouve mieux que toutes les phrases la franche sympathie qui, depuis les derniers événements, a rapproché les deux nations. La guerre d'Orient n'aurait d'autre résultat — par impossible — que de détruire complétement ces traditions de haine absurde perpétuées depuis des siècles, que ce serait déjà beaucoup au point de vue de l'humanité.

A propos de l'alliance, un beau mot a été dit par lord Raglan sur le champ de bataille de l'Alma. Les armées étaient en ligne ; l'officier français, placé près du général anglais pour l'échange des communications entre lui et le maréchal, fit quelques observations sur les mouvements de l'aile française, venant appuyer la droite des Anglais : « Oui, dit lord Raglan en regardant sa manche vide, la France me devait un bras, et elle me le rend aujourd'hui ! » Mais n'anticipons point.

2

FRATERNITÉ MILITAIRE.

La fraternité militaire, scellée plus tard sur les champs de bataille, s'établit tout d'abord à Gallipoli et surtout à Varna. L'échange des pensées offre bien, écrivait-on à ce sujet, quelques difficultés, mais, la mimique aidant, on arrive à se comprendre. Un mot, d'ailleurs apporté d'Afrique, résume à lui seul tous les sentiments, et un *English bono, Francis bono*, accompagné d'une énergique poignée de main, en dit plus que tous les discours. Jusqu'ici il n'y a eu pour nos soldats que des préliminaires ennuyeux, et il leur tarde de voir commencer ce qu'ils appellent *la fête*. Les événements de Silistrie, le souvenir sanglant de Sinope leur sont d'ailleurs un vif aiguillon. Ils entendent raconter, à l'honneur de l'armée turque, certains traits qui les piquent d'émulation. Ces hommes qu'on voit presque misérables, peu vêtus, sans solde, pour ainsi dire, n'en supportent pas moins courageusement, grâce au sentiment patriotique qui les anime,toutes les fatigues.

De quoi vivez-vous ? demandait-on à un officier turc. — Je n'ai par jour que cette galette et rien de plus. — Quelle est votre solde? — 28 piastres par mois. — C'est bien, mais vous paie-t-on ! — Hum ! il y a huit mois, pour ma part, que je n'ai rien reçu. Mais n'aurais-je pas tort de me plaindre ?

Un pilote turc auquel le commandant d'un de nos vaisseaux disait : « Je vais écrire pour qu'on te donne ton arriéré de solde, » répondit : « Merci, capitaine, je n'ai besoin de rien. Je suis nourri, vêtu; j'ai à bord tout ce qu'il me faut ; quand le sultan aura de l'argent, il m'en donnera. »

L'ARTILLEUR DE MARINE.

Voici un acte d'héroïsme dont Sinope a été témoin. Nous avons tous lu dans l'histoire grecque le trait fameux de Cynégise; ce trait s'est renouvelé. Un simple soldat turc, artilleur de marine, servait à bord d'un des navires de la flotte d'Osman-Pacha. Pendant la lutte, un boulet lui coupe le bras droit : de la main gauche il ramasse sa mèche; le bras gauche est emporté par un boulet. L'artilleur tombe épuisé par la perte de son sang. Les chirurgiens veulent l'enlever, il résiste : « Avec mes dents, » s'écrie-t-il. Une syncope survient et on l'emporte à l'ambulance. Ce brave a survécu pourtant à ses blessures; il est ici, déjà en pleine convalescence. Je l'ai vu; je n'aurais pas osé sans cela, — tant le fait semble prodigieux, — m'en rapporter à ce qui m'était dit. Un

homme de cœur, un Ottoman, a généreuse-
ment fait don à l'héroïque invalide d'une
pension que lui payait le gouvernement. »

C'est un noble sentiment que celui du
patriotisme quand il inspire de pareils
élans, et chez un peuple qui, tenu par sa
loi religieuse dans une si longue enfance, se
débat aujourd'hui encore sous les langes
d'une civilisation imparfaite et décrépite !

AU CHAMP DE BATAILLE.

« Le soldat français, ce pauvre *piou-piou* dont souvent on se moque, est le plus brave soldat du monde, » dit l'officier déjà cité par nous et qui, dans une de ses lettres, nous a décrit la bataille de l'Alma avec une verve militaire et une énergie d'expressions qui enlève. Le cœur vous bat, la tête brûle, et l'on sent comme une odeur de poudre et de fumée, en lisant cette chaude improvisation, écrite à la lueur du bivouac, et dans laquelle se traduisent d'une manière si vivante toutes les émotions de la journée.

« A une heure, on nous avertit que la bataille va commencer ; nous voyons toutes les hauteurs couronnées par l'armée ennemie. A une heure et demie, le premier coup de canon fut tiré par les Russes, dit-on. Alors commence sur toute la ligne une musique infernale ; ce sont des feux croisés, des mouvements en tous sens; les soldats rient, plaisantent, et ils ont un *toupet du diable;* nous avançons cependant vers l'Alma... Les obus et les boulets tombent comme la grêle, les soldats continuent de rire... Puis à un moment donné, on aperçoit ces enragés zouaves qui gravissent les hauteurs. Ce fut alors un spectacle grandiose de voir ces intrépides soldats marcher, la poitrine découverte, au devant de la mitraille, de la fusillade, de la canonnade. Aussi quel élan ça a donné à nos soldats! Nous traversons l'Alma à notre tour : « Allons, mes enfants, il faut mouiller ses escarpins et passer l'eau, » avait dit en riant le maréchal. Et nous voilà à barboter en retirant de l'eau les maladroits. L'obstacle est franchi, nous montons au pas de charge sous une pluie foudroyante de projectiles. On ne comprend pas que nous n'ayons pas été hachés tous en morceaux; et ces diables de soldats dont pas un ne sourcille... Les Russes reculent, nous avançons toujours. Devant nous se trouve une espèce de belvédère. Notre porte-drapeau se dirige droit de ce côté pour y planter son drapeau; un éclat d'obus le frappe au cœur. Un sergent-major de zouaves ramasse le fanon et le pose sur le belvédère; il avait le temps de descendre, mais il voulut faire de la fantasia en agitant son fanon, une balle le tue raide... Quelques escadrons russes cependant papillonnent autour de nous et font mine de nous charger; mais arrive une batterie française et les Anglais commencent à montrer leur nez à notre gauche; les Russes battent en retraite; la victoire est à nous!

... « Les généraux français ont été plus que braves, ils ont été téméraires, tous en tête! C'est bien pour une première action, ça enlève le soldat; mais ce serait fàcheux à l'avenir, parce qu'on pourrait se réveiller un beau matin... sans généraux. »

Complétons ce récit animé. Entraîné au

pas de course à travers la mêlée par notre
officier, qui écrit comme il se bat, nous
avons dû négliger les épisodes.

— Le lieutenant Poidevin, comme on l'a
vu, fut tué au moment où il plantait le drapeau du 39ᵉ de ligne en face des batteries
russes. Dans une lettre trouvée sur ce
brave officier après sa mort, lettre qu'il
comptait adresser à sa sœur, on lit cette
phrase :

« Le maréchal, en passant hier la revue,
m'a dit : « Monsieur, vous portez un drapeau, mais j'espère bien que vous m'en rap-
porterez un russe avec celui-là. J'ai répondu
que je ferais mon possible pour le conten-
ter. » On sait si le vaillant jeune homme
voulait tenir parole.

— Le père Parabère, aumônier en chef,
eut son cheval tué sous lui dès le commen-
cement de l'action. L'intrépide religieux,
pour ne pas quitter ses soldats, saute aussi-
tôt à cheval sur un canon au milieu des

témoignages enthousiastes de reconnais-
sance qui saluent cette nouvelle preuve de
dévouement.

LE PRÊTRE SUR LE CHAMP
DE BATAILLE.

Le père Parabère d'ailleurs ne se servit de son étrange coursier que pour suivre le mouvement de la colonne. Arrivé sur le plateau, il mit pied à terre ; —le canon avait autre chose à faire qu'à le porter ; — et s'attachant à cette admirable colonne des zouaves, il la suivit pas à pas pendant toute la lutte, relevant sous le feu les hommes qui tombaient, donnant l'absolution à ceux qu'il jugeait frappés mortellement, et prodiguant ses soins aux blessés.

Quel beau dévouement que celui du prêtre sur le champ de bataille, alors que, sans autre arme qu'un crucifix, il affronte tous les périls, et planant, ange de paix, sur la scène de carnage, il s'offre, aux regards du mourant, comme l'envoyé du ciel qui lui

tend la palme sainte et vient pour lui
ouvrir les portes de l'éternité !

NOBLES SENTIMENTS.

« La bataille gagnée , on s'occupa des blessés, dit un témoin oculaire. On eut grand soin des blessés russes. Je n'oublierai jamais les élans de générosité dont j'ai été témoin ; ici, c'est un soldat français blessé offrant sa gourde à un blessé russe ; là, un autre portant sur ses épaules à l'ambulance un ennemi blessé. Sur le champ de bataille même et pendant la mêlée, des soldats français s'arrêtaient pour faire boire les blessés russes. »

— « Un soldat russe, écrit un jeune officier, un soldat auquel j'ai donné à boire un peu d'eau de ma gourde, m'a remercié d'un regard. A un second qui comprenait ma pitié pour lui, j'ai exprimé toute ma pensée par ce seul mot : *Nicolas!* Il a levé les yeux au ciel en faisant le signe de la croix, puis il est retombé. »

— Des soldats passent près d'un officier général étendu le pied percé d'une balle. — Mais, s'écrient-ils, c'est un Anglais, il faut l'emporter. — Non, dit loyalement le blessé, vous vous trompez, je suis Russe. — Ah! vous êtes Russe! Eh bien, c'est la même chose, puisque vous êtes blessé; allons, camarades, un coup demain, et à l'ambulance.

— Un soldat avait eu les deux bras emportés par un boulet : — « Encore s'ils m'en avaient laissé un pour manger la soupe, mon général? » disait-il, pendant qu'on l'emportait.

— Un zouave était couché sur un fourgon auprès d'un Russe. — Ah! gredin, tu m'as coupé la main droite ; avec la gauche j'en tuerai et j'en mangerai. — Mais, mon brave, lui dit-on, c'est un soldat comme vous, il a fait son devoir. — Au fait, vous avez raison, je ne dois pas lui en vouloir. Tiens, vieux, une poignée de main, et sans rancune! ajouta-t-il en lui tendant la main gauche.

— Il était touchant de voir les blessés ennemis placés sur les *cacolits* avec la même précaution que les soldats français. Et ceux-ci, sur les frégates qui les transportaient tous à Constantinople, entraient gaiement en conversation avec les Russes au moyen du patois alsacien dont beaucoup de ceux-ci pouvaient saisir quelques mots; ils se plaisaient à leur rendre, comme à des camarades, toutes sortes de bons offices.

Et maintenant les blessés ennemis voient s'empresser autour d'eux, avec l'ineffable sourire de la compassion, ces infatigables sœurs de Saint-Vincent,'providence de nos hôpitaux, sainte milice de la charité, et sur le front desquelles rayonne la céleste couronne de la virginité. Nos excellents chirurgiens ne témoignent pas moins de bienveillance aux prisonniers.

Les pauvres Russes, rongés de vermine

et peu habitués à de pareils traitements, se trouvent si bien dans leurs draps blancs, qu'ils demandent, dit-on, à rester Français.

— Un de nos officiers était couché à côté d'un capitaine russe également blessé. On apporte au Français une grappe de raisin, en lui disant qu'il ne restait que celle-là dans l'office : « Eh bien, alors, remportez-la ; je n'en veux pas s'il n'y en a point pour mon voisin.

— Maintenant suivons l'armée victorieuse sous les murs de Sébastopol, pour admirer, avec le courage indomptable de nos soldats, leur patience, leur persévérance, leur gaieté, et aussi toujours les mêmes sentiments humains et généreux.

« Les boulets pleuvent sur la tranchée, écrit-on, les bombes, les obus se croisent dans tous les sens ; nos soldats, courbés derrière leurs abris, la pipe à la bouche, continuent paisiblement la besogne, chantant parfois ou saluant d'un quolibet les projectiles qui passent trop près d'eux. »

« Nous voudrions que la chose fût faite, dit un officier ; cette vie de fatigue absorbe trop; on s'abrutit, on passe à l'état de bête de somme.... Nos porte-manteaux sont restés à Varna. Nous n'avons plus de linge; je ne me rase plus, ma barbe est grise; je ne suis pas beau comme cela. Plus de tabac! Nous avons été réduits pendant trois jours à ne boire que de l'eau salée venant de la mer par filtration au moyen de trous que nous faisions dans la terre. Pouah ! »

« Quand on voit les choses de près, lisons-nous ailleurs, on est stupéfait de ce colossal bouleversement de terre et de rochers opéré en moins de 20 jours. Le général l'a dit : on a réalisé presque l'impossible, marchant presque toujours en sape volante dans le roc vif.... Les soldats demandent l'assaut à grands cris pour en finir par un bon coup de collier. Comme le maréchal Lefebvre, au siége de Dantzick, ils diraient volontiers à nos ingénieurs : «Faites un trou et nous y passerons. »

Voici quelques passages d'une lettre adressée à sa mère par un jeune matelot, et qui montre, dans sa naïveté, de quel esprit tous sont animés sur la flotte comme dans l'armée.

« *A bord du* Bayard, *Katcha,*
10 *octobre.*

« Je t'écris ces quelques lignes pour te donner de mes nouvelles, qui ne sont pas très-bonnes, car j'ai attrapé un gros rhume qui me fait doublement souffrir en ce moment que ça va commencer à chauffer. Mais un vésicatoire qu'on m'a mis sur la poitrine va me débarrasser, et nous n'allons plus rester tranquilles à bord à voir nos troupes seules *brosser* les Russes. Hier, nous avons vu, du mouillage, cinq régiments de Cosaques vouloir tracasser nos troupiers ; mais à peine ont-ils fait voir leur nez qu'il leur est tombé une grêle de mitraille sur la tête qui les a fait rentrer; mais le grand coup est pour le 19, et je te réponds, mère, que ce n'est pas le *bobo* que j'ai qui me retiendra ce jour-là à l'hôpital. Il faut que MM. les Russes ne soient pas bien sûrs de leur affaire, puisqu'ils ont coulé 5 vaisseaux dans la passe, de crainte que nous n'en-rions. Mais nous les *pincerons* bien tout de même.

» Adieu, ma bonne mère, je finis de t'é-crire et non de t'aimer. Ton fils dévoué, X.

» Et surtout, bonne mère, ne te fais pas plus de bile que moi, et je serai tranquille. D'ailleurs, j'ai ta petite médaille de Sainte-Anne. »

Lorsqu'il fut question pour les marins de débarquer afin de seconder l'armée de terre dans ses périlleux travaux, ce fut une joie et une ardeur incroyables. Tous au-raient voulu descendre pour *briquer à blanc* les Russes, comme ils disent. Aussi, quand on annonça que chaque équipage n'avait à fournir qu'un certain nombre d'hommes, grand fut le désappointement. Chacun voulait être du nombre des élus, et, dans l'embarras du choix, il fallut tirer au sort.

FIN.

Cambrai. — Imp. de SIMON, rue St-Martin.

www.ingramcontent.com/pod-product-compliance
Lightning Source LLC
Chambersburg PA
CBHW060806280326
41934CB00010B/2573